Jean-Claude Parfait Ekomi Aboue

Psaumes

Jean-Claude Parfait Ekomi Aboue

Psaumes

Dans Sa Présence

Éditions Croix du Salut

Cover image: www.ingimage.com

Publisher:
Éditions Croix du Salut
is a trademark of
Dodo Books Indian Ocean Ltd., member of the OmniScriptum S.R.L Publishing group
str. A.Russo 15, of. 61, Chisinau-2068, Republic of Moldova Europe
Printed at: see last page
ISBN: 978-620-3-84160-2

PSAUMES DE DANIEL

Préambule

Source d'inspiration à travers les âges, les Psaumes ont toujours fait partie du réconfort du peuple de Dieu. Ils ont toujours été un moyen puissant par lequel, le Seigneur a forgé la mentalité de Son peuple. Et surtout, un temps de rencontre ; d'intimité avec Lui ; avec Sa gloire.

Puissiez-vous rencontrer Jésus-Christ notre Seigneur au travers de ces quelques lignes de ces Psaumes. Et que vous puissiez expérimenter, mieux vivre toutes les découvertes et expériences qui y sont inscrites. C'est le vœu de mon cœur.

Cordialement.

Daniel.

JE TE CHERCHE

Je Te cherche ô Dieu ! Défend ma cause devant cette multitude.

Mon droit est ignoré, il est bafoué. Comme un océan, ma vie est submergée de problème. Toi seul reste Dieu, capable de changer l'impossible en possible. Je me souviens des paroles de Ton serviteur David, homme selon Ton cœur, Tu aimes la voie des justes ; Tu la connais. Et Tu soutiens ceux qui se confient en Toi ; Tous ceux qui gardent l'Alliance ; l'Alliance de leur Dieu.

Ah Dieu ! Que je suis bien malheureux ! Le malheur est mon quotidien ; la joie de l'exaucement m'est un souvenir lointain. Je suis rongé de l'intérieur, par l'échec. Et mes espoirs s'évanouissent. Comme la peau sur le corps, l'échec est devenu mon partage.

Seigneur souviens-Toi de moi, dans Ton conseil éclairé. Fais appel à la mémoire du souvenir, de Ton amour pour moi. J'espère toujours en Tes compassions. Que je suis bien malheureux !

Que puis-je faire ? J'attendrai Ton secours ; car le secours nous vient de Toi seul. Seigneur Toi seul peut consoler mon âme, par l'exaucement à mes prières. Que ces bonnes paroles que Tu as prononcé à mon égard, s'accomplissent avec fidélité dans ma vie. Là, je sais que par Ton exaucement, je retrouverai la joie qui m'avait fuit, comme une hirondelle qui migre vers d'autres cieux.

Que je suis bien malheureux, sans Ton intervention ! Fais irruption, ô Dieu dans mon quotidien, et mes ennemis fuiront loin de moi.

Grand est mon Dieu !

TOUS M'ONT ABANDONNES

Tous m'ont abandonnés. Personne ne s'enquiert de ma situation. Je suis devenu un loup solitaire ; un souvenir d'enfance qui échappe, à la mémoire ; une fumée qui se dissipe par le vent et dont la trace du passage n'est plus visible. Telle est ma place dans le cœur de celui, pour qui j'avais de l'estime, celui qui avait une place de choix dans mon cœur, et avec qui je partageais mon quotidien.

Suis-je devenu la peste, pour être devenu odieux à mes amis d'enfance ? L'avenir peut parfois être très triste !

Mais, si les hommes m'abandonnent, l'Eternel Lui reste fidèle.

L'Eternel m'a dit : « N'aie crainte, Je suis avec toi. Et Je ne t'abandonnerai pas. Fortifie-toi seulement et aie bon courage. Car c'est toi qui fera entrer ce peuple dans la Promesse que j'ai fait à leurs pères. »

LES PAS DU JUSTE

Les pas du juste sont conduits par l'Eternel. Puisse mes pas être conduits, par Toi ; si Tu me trouves justes ô Dieu ! Car, j'ai bien l'impression de faire du surplace !

Puisse Ta Lumière m'éclairer, afin que je vois la lumière. Que mes ténèbres soient changées en lumière, ô Dieu ! Que mes ténèbres rencontrent Ta Lumière et soient ainsi, changées en lumière. Et que je puisse voir, le sentier que Tu as tracé devant moi et le suivre.

Tu as dit celui qui Te suit, ne marchera jamais dans les Ténèbres. Mais aura toujours la Lumière de la vie. Si Tu juges mon cœur entier à Ta cause, accorde moi Ta lumière et dissipe les ténèbres de ma vie.

Que Ton conseil, Ta direction et Ta faveur viennent guider mes pas, ô Dieu ! Alors, je réussirai, l'allégresse me remplira. J'espère en Ta fidélité, ô Dieu !

L'Eternel l'a dit : « Je conduirai tes pas et te guiderai tous les jours de ta vie. ». Que soit louée à jamais Ta fidélité, Dieu de mon salut.

TON CONSEIL

Que Ton conseil est éclairé, ô Dieu ! Le conseil T'appartient, Tu portes si bien Ton Nom, Jésus ; le Seigneur sauve, Toi l'Admirable Conseiller.

Heureux l'homme qui bénéficie de Ton conseil, pour lui la réussite est assurée.

J'avais plongé mon regard dans cet océan de confusion, dans lequel je me noyais. La paix, la joie m'avaient abandonnées. J'ai levé vers Toi le regard, invoqué Ton Nom et rappeler Ta fidélité. Tu me fis trouver grâce devant Toi, et m'accorda Ta lumière ; Ton conseil.

Que soit loué pour toujours le Nom de mon Dieu ! Que tous les hommes fassent appel à Ta fidélité ! Vive le Nom de mon Dieu ! Vive Jésus-Christ ! Vive Son conseil !

QUE TU ES GRAND MON DIEU !

O que Tu es grand Dieu ! O que je Te rends grâce ! Je suis à Toi, Tu es à moi ! Quand je pense à Toi, ô Dieu, la joie couvre mon visage !

Car, je me souviens du Dieu puissant que Tu es ; du Libérateur de mon âme !

Le séjour des morts m'avait avalé tout vivant. Je subissais la peine réservée aux impies ; de tous ceux qui ont reniés le Saint d'Israël. Dans Ton amour et Ta grande fidélité envers ceux qui T'aiment et gardent Ton Alliance, Tu envoyas à mon secours, Michael et ses saints anges, pour me sortir du gouffre ; de l'abîme où mon âme périssait.

Des hommes violents m'avaient surpris ; ils m'avaient tendus des pièges et avaient capturés mon âme leur filet ; telle une bête prise sur le filet du chasseur.

Mais parce qu'il n'était pas convenable que le séjour des morts l'emporte sur Ton Eglise. Car, cela aurait été un affront à Ton puissant Nom, Tu déployas Ta droite ; afin de donner gloire à Ton Nom, Ton grand Nom, Ton puissant Nom.

Vive Jésus ! Vive le Seigneur des Nations !

JESUS TU ES NOTRE GLOIRE

Mon Dieu nous Te célébrons pour Tes exploits dans nos vies. Nous répandons le parfum de Ta connaissance et de Ta toute-puissance, car nul n'est comme Toi ; majestueux, glorieux, admirable, magnifique, fidèle, impressionnant.

Tu es Dieu pour toujours et à perpétuité ! Tes œuvres surpassent notre entendement. Elles sont toutes dans la pensée des hommes, tellement elles sont inimaginables. Elles nous rendent tellement fière de Toi. Nous marchons la tête au milieu de nos ennemis, à cause des exploits de notre Dieu ! Nous sommes en admiration devant la splendeur de Ta droite !

Ta renommée a dépassé les âges et les générations, pour arriver jusqu'à nous. Ta Parole reste d'actualité, Tu restes le seul Rocher sur lequel tout homme puisse s'appuyer.

C'est Toi notre Dieu et nous n'en voulons pas d'autres. Jésus Tu es notre gloire !

SI J'AVAIS SU

Si j'avais su, je me serai confié en l'Eternel des Armées. Si j'avais su, j'aurai refusé le secours de l'homme. Maudit soit celui qui se confie en un homme charnel et qui oublie le conseil du Dieu de son salut.

Ah ! Que j'ai souffert ! Ah ! Que mon quotidien a été misérable ; enfoncé dans les abîmes toujours de plus en plus profonds, par la méchanceté de l'homme !

J'avais cru en lui, considéré comme un ami, sur qui je puisse m'appuyer. Il avait une place privilégiée dans mon cœur. Mon âme le prenait en estime, ma confiance envers lui était totale.

Ah ! Que j'ai été dessus ! Non le secours n'est pas auprès de l'homme. Le secours est auprès de notre Dieu, Lui seul peut changer les ténèbres en lumière, par le conseil de Sa volonté.

NE T'EFFRAIE PAS

Ne t'effraie pas mon âme, pas de raison d'avoir peur, l'Eternel est ton Berger. Le Dieu de Jacob sera ta lumière. Il veillera sur ta vie et te comblera de Sa grâce.

Ne t'effraie pas mon âme, c'est le Dieu d'éternité, on ne peut sonder Son Intelligence, IL sera ton guide. Cette situation rendra gloire au Nom de Jésus notre Dieu. Espère en Lui, et ne t'apitoies pas sur ton sort. Cela concours à ton bien.

Jamais ton Dieu ne renoncera à toi, tu es si précieux pour Lui. Son arrivée est aussi certaine que le lever du Soleil. C'est le Dieu fidèle, espère en Lui.

Par combien d'épreuves n'es-tu pas passé ? Tu les as toutes surmontées par Sa toute-puissance. Tu t'en sortiras, tu réussiras et triompheras encore de celle-ci. Car le Seigneur se tient à ton côté pour te faire entrer dans toutes les portes de la réussite.

IL l'a jure, IL ne se repentira pas : « Tu es Mon serviteur pour toujours ».

LE SEIGNEUR ENTEND MA PRIERE

O Seigneur ! Écoute l'écho de ma prière, qui monte vers Toi. Seigneur je languis après Ta grâce et Ta bonté ; Ta bonté à l'égard de Ton peuple.

Si j'eusse été un coutumier à la voie du mal, Seigneur j'aurai compris et accepté mon sort. Mais Toi, Tu es juste et Tu abhorres les hommes iniques. Et Tu fais grâce aux humbles.

Je me meurs ; cette situation, cette attente me brise de l'intérieur et me dévore, tout comme le ver dévore le cœur d'un fruit. Mes espoirs se dissipent et s'évanouissent, tout comme la fumée, qui disparait dans le Ciel. Mes espoirs cèdent la place au désespoir.

Car, je suis coutumier à la douleur, au mépris ; homme de douleur habitué à la souffrance. J'ai meilleur description du malheur que du bonheur. Le parfum du bonheur m'est étrangé. Il se tient à des milliers de kilomètres de moi. Lorsque je le perçois au loin, il s'évanouit telle l'eau sur la pomme de la main.

Ah ! Souviens-Toi que Tu es mon Dieu, que Tu es ma gloire ! J'attendrai avec fidélité Ton intervention. O grande est Ta fidélité !

JE VEUX ESPERER EN TA BONTE

O Dieu, Toi qui est assis sur les Chérubins. Toi qui marche sur les ailes du vent. Toi dont la Voix fait accoucher les biches et les gazelles.

Fais-moi miséricorde. Toi qui fais miséricorde au meurtrier, tout comme à l'adultère. Toi qui fais miséricorde à qui tu veux, ô que Ta grâce soit mon partage ! Que Ta miséricorde me localise. Toi qui ne Te laisse pas influencer, par les positions des hommes que Ton conseil éclairé, puisse conduire Ton action envers moi. Véritablement, je reconnais ô Dieu, que Tes jugements sont justes et irréprochables.

O Dieu si je devais compter sur mes œuvres, je n'aurai pas trouvé la force de me tenir devant Toi. Je ne suis pas digne. Déjà, nul n'est digne de Ta grâce, c'est le pourquoi nous la sollicitons et nous y soupirons. Toi, le Dieu de mon salut ait compassion de moi.

Je veux espérer en Ta bonté, en Ta grande miséricorde pour obtenir Ta faveur. Puisses-Tu abaisser Ton regard vers moi, par amour pour Ton Nom. Ne laisse pas ces incirconcis se rire de ma situation. Car, j'espère en Toi. Pourquoi me regarderaient-ils de haut ?

Ah Seigneur ! Je me suis dis en moi-même que : « l'avenir devra justifier le choix de chacun. Les années témoigneront en la faveur de celui qui a choisit la part qui ne lui sera pas ôtée. » N'oublies pas Dieu de mon salut, que la force qui me reste n'est le fait que je compte sur Ta fidélité ; Tu es mon bien le plus précieux, la perle de prix de mon cœur.

Toi qui honores celui qui T'honore, n'oublie pas que Tu es ma gloire, le sujet de ma louange.

Baissez les regards et Taisez-vous, Jésus-Christ est avec moi.

DIEU REGNE

La Terre est en sécurité, car le règne appartient à notre Dieu. Les nations prospèrent, car le Saint d'Israël leur accorde, Sa grâce.

Les oiseaux chantent le lever de Ton soleil ; ils chantent Ta grâce et célèbrent Tes bontés. Notre Dieu est riche en bontés. Sa tendre main s'ouvre en faveur de Sa Création.

IL a ordonné au soleil de resplendir, de toute sa force. Afin de permettre au fils de l'homme de vaquer à ses occupations. A la pluie d'apporter la Vie et le rafraîchissement à Sa Création. Au tonnerre, IL a ordonné de marquer par son passage Sa divine Autorité sur toute la Création ; sur les hommes qu'IL a créé. Aux éclairs, IL a ordonné de frayer des chemins de bénédictions pour Ses élus.

Vive Jésus notre Seigneur ! Vive notre Dieu à tout jamais !

QUI EST COMME TOI

Qui est comme Toi, ô Eternel ? Qui d'autres que Toi nous vient du Ciel ? Toi l'Auteur de la vie, la Résurrection et l'Espoir des nations.

La vie T'appartient, la grâce est dans le creux de Ta main. Ta bouche distille la bénédiction sur, la tête de Tes élus. Tu les remplis de joie, d'une abondante joie ; la joie de Te connaitre, de demeurer en Ta Présence.

Mon cœur est plein d'espérance envers Toi. Je me réjouis pleinement en Ton Nom. Tu es la voie que j'oppose à mes détracteurs.

A cause de Ta gloire, je suis admiré et apprécié. On me félicite pour des exploits que je réalise. Mais Toi seul, ô Dieu est digne de recevoir ces hommages ! Toi ma Lumière, la Source de ma réussite. Tu me pares de vêtements royaux et m'accorde la grâce et le privilège, de régner avec Toi.

Je T'aime Jésus !

JE TE CHERCHERAI

Faîtes appel au Nom de notre Dieu. Faîtes Lui des chemins par lesquels IL puisse entrer en scène.

L'Eternel est prêt de l'homme abattu ; pour lui accorder du secours ; un soutien dans la détresse.

L'Eternel m'adit : « Apprend à Me connaître. Donne de tout ce que tu possèdes, pour y parvenir. Rachètes le temps et ne te soucies guère des pertes. Car la connaissance de Dieu c'est la vie. Et la réussite dans toutes tes voies. »

Je Te chercherai, ô Dieu ! Je trouverai les clefs de la connaissance de Dieu ; du Dieu d'Israël.

DIEU SE CACHE DANS LES DESERT

Que Ta sagesse est grande ô Dieu, au-delà des Cieux ! Qui peut percer l'infinie grandeur de Ta sagesse ? Qui peut en faire le tour et atteindre l'extrémité opposé ? O que Tu es infiniment grand ! Que Tes œuvres sont grandes ! Elles témoignent de Ta grandeur. Et rendent fidèlement le témoignage de Ta toute-puissance.

Je me suis souvent plaint des déserts, dans lesquels Ta Sagesse m'a conduit. Mais j'ai vite compris, que Dieu demeure dans les déserts. Et c'est le lieu d'excellence, où Tu Te laisses facilement trouver. Et que c'est par amour que Tu nous y conduits.

O mystère de la Sagesse, hautement variées de Dieu ! Que Tu es grand ! Nul ne peut sonder Tes voies. Elles sont comme l'Univers entier et tous les mystères qui le composent.

Pour moi, j'apprendrai à apprécier chaque désert de ma vie. Car je sais que je Te rencontrerai toujours au bout du tunnel.

ENSEIGNE-MOI TA VOIE

O Dieu enseignes-moi Ta voie, viens éclairer mes pas. Je suis dans la confusion, épais nuage obscur m'environne. Et je tâtonne en plein jour, comme un ivrogne rempli de son vin.

Ma vue est affaibli, ma vision raccourcie. Et seul mon problème occupe tout mon champ de vision. Comme j'aimerai bien Te servir ! Comme j'aimerai bien vivre pour Ton plaisir ! Mais je suis accablé par tant de douleur et de chagrin !

Si Tu m'enseignais Ta voie, je serai ferme dans ma marche.

O Dieu ! Enseigne-moi Ta voie. Afin que Tu prennes plaisir à ma vie. Déjà, j'ai fait le choix d'obéir à Ta Parole. Daignes-Tu seulement, me témoigner Ton amour en m'enseignant Ta justice.

CEINT TOI DE FORCE

Ceint Toi de force et de justice, ô Eternel des Armées ! Et Entre en guerre, devant ces dirigeants corrompus qui prennent plaisir à instauré le faux, comme repère dans l'esprit du peuple.

Ressort Ta droite de Son repos. Car beaucoup disent : « si Dieu existe, IL habite les lieux très élevés. Et n'a donc par conséquent pas Sa demeure parmi les fils des hommes. Pillons, renversons, opprimons qui viendra nous l'interdire de respecter. Et nous avons décidé de faire du pays notre propriété ».

Seigneur revêt Toi de Ton manteau de justice. C'est le temps d'abaisser l'homme au regard hautain. C'est le temps de le livrer en spectacle et à la honte. Car toutes ses voies réussissent er IL ne voit aucune opposition à la méchanceté de son cœur.

Pour nous, nous avons jugé et délibéré : « Nous rendrons le pays habitable, par le concours de Ta droite et de Ta Parole. »

TU RESTES MA FORCE

Mes ennemis acclament la puissance, de Ton Nom. Un tourbillon de confusion les a enveloppés, lorsque Tu décidas ô Eternel, d'exercer le droit et la justice en ma faveur ! Tu les a jugé selon leurs œuvres. Et Tu leur a accordé leur rétribution en juste Juge que Tu es.

Maintenant, mon âme peut connaître le repos. Car les torrents de la destruction m'avaient environnée. J'étais assiégé de toute part. Jour et nuit, j'étais sans cesse En proie à l'oppression de mes ennemis qui, s'étaient mis en bande pour m'ôter la vie. Ils avaient conçus l'iniquité et arrêtés le mal.

Mais Tu n'en as pas voulu ainsi, pour moi. Tu as mis la confusion dans leur camp, par le secours de Ta droite. Tu as renversé les puissants, pour me délivrer. Les hommes peuvent se liguer contre moi, Jésus Tu restes ma Force et mon Refuge.

Que vive à jamais mon Dieu !

J'AIME TES PARVIS

J'aime Tes parvis, le lieu où Ta gloire habite. On s'y sent en sécurité et nous y sommes sécurisés.

Dès lors, où l'on choisit d'y être, dès lors, Ton ombre nous couvre. Et nos ennemis se voient repousser au loin.

O j'habiterai dans la maison de Jésus, tous les jours de ma vie ! Et je louerai sans cesse le Nom de mon Dieu.

JESUS A TOI LA FORCE

Jésus à Toi la force et la domination. Tu es environné de puissance. En Ta Présence les myriades des anges se tiennent à leur poste, prêt à exécuter Ta volonté.

Lorsque Tu parles, le son de Ta voix atteint les extrémités, de l'univers. Et la Création s'ordonne selon Ta Parole.

L'Univers est bien peu de chose devant Ta splendeur. Cependant, les hommes s'émerveillent devant Ta Création. Car elle rend gloire à Ton Nom ; l'expression de Ton immensité.

O notre Dieu et notre Roi, c'est avec raison que nous Te louons ! C'est avec raisons que nous célébrons Ton Nom ! Que soit à jamais béni, le Nom de Jésus !

LA MORT EST DANS LE POT

La mort est dans le pot, tel un serpent sur un rocher, elle ne laisse pas trace. Ils sont nombreux Seigneur, ces ouvriers d'iniquités qui ont infiltrés Ton Eglise, et qui causent du tord à Tes fidèles !

Que Ta grâce et Ta miséricorde soit sur Tes fidèles. Afin de les sortir des griffes de ces loups. Et de la gueule de ces meurtriers.

Il y a tant de fidèle, qui se voient orienter vers les abîmes du fait, de ces infidèles qui ont oubliés l'Alliance de leur Dieu ; du Dieu d'Israèl.

Ah Seigneur ! Envoie-les vers Tes bergers, ces hommes qui T'aiment. Et qui auront soin de Ton Héritage ; le prix de Ton sang.

Puisses-Tu me favoriser de Tes ordres, en exauçant ma prière. Toi le soutien et la Force de Ton peuple.

ACCLAMEZ DIEU

Acclamez Dieu, Terre entière ! Sautez et dansez de joie devant le Libérateur de nos âmes. Car, IL est redoutable au-dessus de tous les dieux. Nul autre que Lui ne peut ordonner au séjour des morts, de vomir ses morts. Et de les ramener à la vie.

Son Autorité s'exerce, même dans les abîmes de l'Enfer. Nul n'échappe à la parole de Sa bouche. Ses jugements s'appliquent avec fidélité sur toute Sa Création.

Qui est comme Lui, la Forteresse du juste ; le Héros puissant qui se lève pour soutenir le droit et la justice ?

Ton règne ô Dieu est éternel ! La domination T'appartient. Et la Force est l'habit dont, Tu Te couvres. La Justice, le manteau dont Tu Te revêt pour soutenir le malheureux et veiller sur le droit. La Sainteté est la peau qui couvre Ton Etre entier.

Tu es splendide ô Dieu ! Et Tu es ma récompense ; la Récompense de Tes fidèles.

EXECUTEZ SES ORDRES

Dieu a disposé les Cieux, tel un vêtement. IL l'en a tissé dans les moindre détails ; de manière artistique.

A Son service, IL a établi Ses saints anges, afin de faire respecter Sa volonté. Et d'imposer en tout lieu Sa Seigneurie.

Volez exécuter Sa Parole puissante. Vous Son Armée exécutez Ses ordres. Vous Ses messagers courrez telle la Lumière, pour amener à la réalisation, les paroles saintes sorties du Trône de la grâce.

Le Seigneur ordonne qu'il soit puissant sur cette Terre. Et que le Royaume des Cieux, établit parmi les hommes.

Car il a été dit : « Voici la génération des fidèles ; la nouvelle génération de Jésus-Christ qui règnera dans ce siècle et dans les siècles avenir »

Vive le Royaume des Cieux ! Vive Jésus notre Seigneur !

Exécutez, veillez à ce que toutes Ses paroles saintes trouvent leur accomplissement, à la gloire de Jésus notre Seigneur.

DIEU EST TOUT-PUISSANT

O Dieu ! J'ai voulu sonder la limite de Ta puissance ; sonder Ta puissance ; plonger mon regard, sur les retards que vivent Tes saints ; Ton peuple.

Pourquoi l'ennemi dominent-ils au milieu de nous ? Pourquoi a-t-il cet avantage de faire peser son joug sur nos vies, et de nous accabler de maux ? Seraient-ils réellement plus fort que nous ?

Puis l'illumination m'a été accordée : « Dieu est tout-puissant ». Et c'est parce qu'IL est le Tout-Puissant que rien ne constitue un obstacle à Sa puissance. C'est pourquoi, IL concède un certain avantage à nos ennemis.

Tant bien même l'ennemi à l'avantage sur nous, n'en demeure pas moins que, cette situation rendra gloire au Nom de Jésus.

Grande est Ta puissance, ô Dieu !

IL Y A DE LA PLACE

Qu'en penses-Tu Seigneur ? Il y a de la place pour que Tu rentres en scène. La situation est chaotique. Et je ne donne pas chère de ma peau, dans cette affaire.

Donc, en tant que Dieu et Seigneur de la Création, je Te propose un marché : « Tu interviens favorablement, et Ton Nom est grand dans cette affaire. La gloire Te revient et la délivrance est mon partage. Ainsi Toi et moi sortons gagnant de l'affaire.

Qu'en penses-Tu ? Je n'ai pas meilleur proposition. Et tout compte fait, je Te donne la main d'association. Moi, je m'engage à faire Ta volonté. Et Toi Tu glorifies Ton Saint Nom. Tu partages mon point de vue ou bien ?

Je T'ai vraiment fait de la place, pour que Tu brilles comme le Soleil à son zénith. Donc, il y a de la place pour Toi.

TU ES IMPRESSIONANT

Dieu est puissant, dans Son grand conseil ; au milieu des tonnerres, des voix, des éclairs, IL juge les nations. La Terre tremble, elle est effrayée. Ses fondements sont à découvert. Car Sa colère, est semblable à un magma visqueux qui ne laisse que désolation, dans le camp de Ses ennemis.

O que Ta renommée est grande ! Par le pouvoir de Ta Parole, Tu tiens le monde entre Tes mains. Tu soutiens la Terre grâce à Ta toute-puissance, dans le vide. Et elle demeure ferme et stable.

O Dieu, Tes œuvres sont impressionnantes ! Ta renommée n'a point d'égale ! Tu es impressionnant et la gloire est ton exclusivité !

JUGEMENT DIVIN

Fils d'iniquité, homme pervers au cœur noir, symbole des ténèbres sur la Terre. Tu seras défait et précipité dans les abîmes de l'Enfer, au milieu des cris de douleurs et de grincements de dents. Le jugement divin est tombé : « Enchainer le. Et jeter le dans les ténèbres de la nuit ».

Et toi Daniel, ton temps est arrivé ; le Soleil de justice se lève sur ta vie. Et l'Eternel le juste Juge t'accorde ta récompense, ainsi que l'honneur qui t'es du, selon Sa promesse dans Ta vie.

DIEU SECURISE SON HERITAGE

Dieu descend des ailes du vent. Spécialement IL a laissé son Saint Trône. Afin de marcher au milieu de son peuple ; de sécuriser Son Héritage.

Désormais, le deuil laisse place à la joie, à des louanges en l'honneur de l'Eternel des Armées.

Que l'Eternel te réprimande Satan, Lui qui a choisit Israèl, Sa portion. Qu'IL te réprimande Satan.

TU AS FAIT APPEL A TA GRANDE PUISSANCE

Tu as fait cesser les bruits de guerre. Tu as mis en déroute toute l'armée de mes ennemis. Ils sont plein de confusion. Ils ont pris la fuite devant les assauts de Ta droite.

Que Tu es redoutable, ô Dieu ! Tu as fait appel à Ta grande puissance. Tes ennemis tremblent, devant la fureur de Ta droite. Leur refuge est prit d'assaut, assiéger par Tes saints anges.

Il n'y a aucun château, ni forteresse pour les abriter. Tu frappes et les voilà aux aboies, comme un coup de pied donné sur une fourmilière, ils se dispersent telles des fourmis dans tous les sens. Tes flèches les atteints tous, et nul parmi eux n'est capable de les esquiver. L'Eternel dirige Ses traits meurtriers contre Ses ennemis.

Vive la délivrance d'Israël ; de l'Israël de Dieu ; de l'Eglise de Jésus notre Seigneur !

DIEU EST AU MILIEU DE SON PEUPLE

Dieu est au milieu de Son peuple, Son parfum se répand sur Ses élus, tels les rayons de Soleil sur la Terre.

Dieu est au milieu de Son peuple, Sa main est en mouvement pour libérer les captifs.

Dieu est au milieu de Son peuple, Ses fidèles bondissent de joie.

Dieu est au milieu de Son peuple, Ses ennemis se tiennent à distance du Troupeau de Son pâturage.

Dieu est au milieu de Son peuple, le droit et la Vérité sont respectés.

EMBRASE-LES

O Dieu ! Embrase-les. Embrase-les comme la paille, que le feu embrase et ne laisse qu'une forme calcinée sans vie. Qu'ils soient foulés à Terre comme l'herbe des champs, sans aucune importance aux yeux de celui qui marche dessus.

Puisse Tes jugements être sans miséricorde, devant la multitude de leurs fautes et péchés. Eux qui ont choisis d'honorer la bête et de mépriser le Saint d'Israèl ; ces fils d'iniquités.

Oh ! Précipite-les comme l'éclair au sol. Que leur chute soit brusque et brutale. Que la ruine les détruise de l'intérieur et anéantit, tout espoir en eux. Que leurs mâchoires soient brisées. Ainsi, leurs gosiers sépulcres ouvert de malédiction resteront fermer.

Délibérément, ils ont choisis de combattre le Saint. Ils ont fermés leurs cœurs à la réprimande ; la conviction du Saint-Esprit. Car, ils ont aimé le mal, appréciés la voie du mal. Et en ont trouvés en cela, la passion de leurs âmes. Et, ils tendent des pièges au juste, à l'innocent, à celui qui espère en Toi. Ils en ont pris gout. Ils invoquent contre Tes fidèles des esprits, afin de les nuire. Qu'ils entrent dans le séjour des morts. Ainsi, la Terre connaîtra le repos et sera libérée de cette race perverse et méchante.

Eh quoi ! Le juste a un Défenseur, un Rocher éprouver ; c'est le Rocher des âges. Son Nom est l'Eternel des Armées, le Vengeur des opprimés.

LA VERITE

O Père ! Que la Vérité retrouve Sa place dans l'Eglise ! Qu'Elle vienne à nouveau habiter les cœurs de Tes fidèles ! O Père ! Etablis la Vérité au milieu en nous ! Et délivre nous du mensonge ; de l'esprit de l'erreur qui gangrène Ton Héritage.

Que l'Eglise soit restaurée. Que la Vérité demeure à nouveau au milieu de nous. Qu'Elle soit la fondation sur laquelle la vie de Tes fidèles s'élève. Qu'Elle éclaire ceux qui Te cherche, et repousse dans les ténèbres, ceux qui haïssent Ton Nom et Ta voie ; ceux qui s'érigent en ennemis de la Croix de Jésus notre Seigneur.

Qu'Elle repousse loin de Ta Présence, ces fils d'iniquités qui séduisent et égarent Tes fidèles. O que la Vérité habite parmi nous ; dans le cœur de Tes fidèles ! Qu'Elle fasse de nos cœurs des habitations saintes, dans lesquelles Tu prends plaisirs à demeurer. Alors nous Te servirons, alors nous serons réellement Tes disciples ; le Troupeau que Ta main conduit.

O Fais-Le Jésus ! A cause de Ton Nom, fais-Le ! C'est le cri de Tes fidèles qui soupirent après Toi ! Que Ta grâce soit notre partage. Aies compassion de nous, nous désirons tant, Ton règne au milieu de nous !

Quand les fondements sont renversés, le juste que peut-il faire ? Rechercher Ta face, en utilisant cette fois-ci, la Pierre Angulaire.

Que la délivrance soit notre partage. Et que Ta Vérité règne parmi nous !

JE TE LES CONFIE

Que Ta main soit posée, sur Tes serviteurs, ô Dieu ! Que Ta main soit posée sur leurs vies ; sur la vie de Tes disciples ; de ceux qui gardent l'Alliance de leur Dieu ; du Dieu de Jacob.

Que Ta main soit posée sur leurs vies, sur celles de leurs épouses et de leurs enfants. Que Tu étendes Ta main puissante, sur leurs vies. Que Tu les gardes dans le creux de Ta main. Que Ta bonté soit renouvelée dans leurs vies, ô Dieu !

Que Tu Te souviennes de Ta fidélité, pour les conduire jusqu'au bout de Ta volonté, dans leurs vies.

Envoie Ta Lumière dans leurs vies ; Ton Esprit ; Conseiller Divin orienter leur choix et décisions ; à cause de Ton amour pour eux. Toi leur refuge et leur forteresse, ne permet à personne de leur faire du mal. Soit leur protecteur, leur Abri, leur Défenseur, leur Avocat, leur Force, leur Victoire, leur Gloire.

Laisse Ton ombre les couvrir, en tout lieu et en tout temps. Que Ton onction et Ta sagesse fassent la différence, dans leurs vies. Conduits leurs pas : « Les pas du justes sont conduits par l'Eternel ». Incline leur cœur : « Le cœur du Roi est un courant d'eau dans la main de l'Eternel ». Ils sont à Toi, tout comme Père, Je suis à Toi. Ils ne sont pas de ce monde. Voilà pourquoi, Je Te les confie.

EL ELYON, EL OLAM

El Elyon, Toi qui possède l'univers entier, Créateur puissant, la Force est à Toi. El Olam, Toi le Dieu d'éternité qui est dans le temps, et hors du temps, nous acclamons Ta grandeur ; la grandeur de Ton Nom.

Nous exaltons très haut Ton omniscience, par laquelle Tu as tout créé. Tes œuvres en tracent les contours multipliés de Ta science. Que Tu es immensément grand ! Par Ton Omnipotence, Tu veilles sur les œuvres de Ta main. Ton Omniprésence fait de Toi, le Témoin des jours ; le Témoin fidèle.

Au-dessus des cimes des montagnes, dans les confins des hauteurs des Cieux se trouve Ta demeure ; car Tu es le Très-Haut. Ton peuple se réjouit de Ton immensité ; Tu es exceptionnel grand Dieu d'Israèl. Tu es bien au-delà du langage humain. Et Tes œuvres sont insuffisantes pour percer les mystères de Ta connaissance.

Tu es le Dieu d'éternité, pourtant l'éternité ne suffit pas à Te connaitre ; Tu n'as pas de fin. Et l'éternité apparait comme une goutte d'eau dans un océan ; du fait de Ta grandeur. Cependant, Tu as fait le temps afin de donner au fils de l'homme un sens ; un objectif à atteindre. Afin d'établir Ta Seigneurie en tout lieu. Tu as disposé l'éternité, afin de partager avec lui, Ta gloire ; Ton immensité.

Nous ne saurons comprendre la valeur de l'homme à Tes yeux. Le Dieu grand et puissant a fait accueil à l'homme ; le Chef d'œuvre de Sa Création.

Que soit béni à tout jamais et pour toujours, Ta fidélité et Ton grand amour !

JE T'AIME TANT

Je T'aime tant Jésus ! J'en suis arrivé au point, où Tu apparais comme l'air que je respire ; indispensable et essentiel à mon existence sur la Terre.

Je ne puis imaginer la vie sans Toi ; Toi ma boussole. Est-ce normal qu'un homme regarde à une autre direction que vers Toi ? Hélas pour eux, les ténèbres recouvrent encore leur vue !

Mais pour moi, pour rien au monde je ne T'abandonnerai. « Comme c'est touchant, nous nous aimons réciproquement ».

BRILLE SUR NOS VIES

Brille ô Dieu ! Brille sur Ton peuple, comme le Soleil à son zénith. Brille de toute Ta force, et que Tes rayons atteignent, les peuples qui se tiennent dans la vallée de l'ombre de la mort. Qu'ils voient la Lumière, qu'ils voient le jour. Qu'ils célèbrent le lever de Ta grâce sur leurs vies.

Que les rayons de Ta gloire, transportent avec eux le salut des âmes ; la délivrance des captifs. Que Ton doigt soit en mouvement, en notre faveur.

Nous espérons tant en Toi ! Tous nos espoirs sont sur Toi. Nous croyons en Ta fidélité : « Quand on tourne vers Toi les regards, nos visages sont rayonnant de joie, et ne se couvre pas de honte. »

Brille sur nos vies ô Dieu ! Et que nos visages soient comme celui de Ton serviteur Moïse. Brille sur nos vies ô Dieu ! Mets le sceau de Ta grandeur sur nous.

LIVRE DU SOUVENIR

O Dieu ! Toi le Maître de l'Univers, le Témoin des jours. Toi, le soutient de la justice. Et qui fait grâce aux humbles, que Ta grâce soit mon partage.

Que tu fasses appel au Livre du Souvenir, Toi le Dieu fidèle. Puisses-Tu, ordonner à mon sujet la lecture du Livre de Souvenir, Toi le Dieu fidèle ; l'Héritage de Tes élus. Que le souvenir de mon nom, remonte jusqu'à Ta pensée, et que je trouve grâce à Tes yeux.

Je me meurs de lassitude, tel un homme sans aucune vision ; j'erre çà et là. Tel un prisonnier dans une cellule saisit par les ténèbres, et l'angoisse.

O Dieu ! Fais appel au Livre de planification, et Tu verras combien sont bienveillants à mon égard ; ces projets de paix et de bonheur que Tu as tissé pour moi. Telle une mère qui a soin de son enfant, Tu as tout disposé pour que je n'aie plus qu'à y marcher.

Je suis bien malheureux, devant tant de malheur ! Toi, le Dieu riche en bonté et en miséricorde, puisses-Tu accorder Ta faveur à Ton serviteur.

Déjà Seigneur, la condition humaine est peu de chose ; les jours de l'homme ne sont que souffrances et maux. Dans Ta grande compassion envers ceux qui T'aiment, puisses-Tu donner Tes ordres à Tes saints anges à mon sujet.

Souviens-Toi que, j'espère en Toi. Et que mes mains sont tournées vers Toi. Dieu de mon salut fait lever sur moi, Ton soleil.

Que les jours passés rappellent à Ton souvenirs, le témoignage des actions que Ta grâce me fit poser, en faveur de Tes saints. Je les aie toutes faîtes, par amour pour Ton Nom ; par amour pour Jésus Ton Fils.

Priveras-Tu, le juste, de Ta bienveillance ? Refuseras-Tu, Ta faveur à celui qui invoque Ton Nom en esprit et en Vérité ? Dieu ne serait-IL plus l'Héritage et le salut de Ses saints ?

Même si les océans devaient se déchainer. Même si les montagnes devaient marcher, j'espérerai toujours en Ta fidélité. Ordonne ô Dieu, le salut de Tes élus !

VIVE LE NOM DE MON DIEU

O si je n'espérai pas en Ta bonté, je serai semblable à ceux qui descende la fosse ; à ceux qui quittent le monde des vivants, et dont la douleur de ce monde, descend avec eux !

Le malheur m'avait saisi, l'inquiétude et le tourment me collaient comme l'ombre qui accompagne l'objet de son attention. Le désespoir avait errigé son camp tout autour de moi, l'horizon aussi sombre que les ténèbres.

Contre toute espérance, Tu me fis marcher sur ce chemin tortueux. Tu deversas Tes rayons et les ténèbres se changea en lumière. Par Ta puissance et Ta fidélité, Tu me sortis de la fosse.

Vive le Nom de mon Dieu ! Vive à tout jamais le Nom de Jésus !

LE MECHANT

Le méchant déclare : « Dieu ne règnera pas sur Terre. Je l'en empêcherai ». Car, il compte sur sa malice, pour s'opposer aux hommes de bien, et réduire le nombre des fidèles.

Dieu voit, IL observe. Soudain, IL rentre en guerre et souffle sur lui. Telle une fumée, il disparait et s'évapore dans l'oubli.

Allez au lieu où a régner le méchant, il ne reste plus trace de son passage sur la Terre des hommes.

Que vive le Dieu juste et véritable, le soutient de la Vérité !

IL Y A UN TEMPS

Il y a un temps, où Dieu fait bouger les lignes. Il y a un temps, où IL donne à Son peuple de posséder les portes de Ses ennemis. Il y a un temps les forteresses ennemis, sont semblables à des villes fortes, sans aucune muraille. Il y a un temps où, Ses ennemis ont pour demeure le souvenir, dans l'esprit des fils hommes.

Car, la Terre et ce qu'elle renferme appartiennent à l'Eternel. Et IL l'a donne a qui IL veut.

Ne vous étonnez pas, Dieu règne et Sa domination s'étend dans tout l'Univers.

JE VIVRAI

Pourquoi vous réjouissez-vous, à mon sujet ? Pourquoi, célébrez-vous, la malice de vos pensées ?

Le phénix renait toujours de ses cendres. La vigueur du buffle ne l'abandonne pas, dans sa vieillesse. La vision de l'aigle reste intact, même amoindri par l'âge. L'autorité du lion demeure toujours dans la savane. La larve n'a jamais avalée une baleine, tant bien même cette baleine est épuisée par l'âge. Et les morts en Christ ressusciteront toujours.

Cessez de vous réjouir à mon sujet. Je ne mourrai pas, je vivrai. J'écrirai encore des lignes d'histoires agréables à la gloire de mon Dieu.

PREPAREZ-VOUS

Préparez-vous, peuple de toutes les nations, jubilez de joie. Parez-vous de vos plus beaux ornements, et allez, à la rencontre de votre Dieu ; du Saint d'Israël.

Célébrez son Nom, chantez en son honneur des cantiques de louanges, dans la sincérité de vos cœurs. Car, Dieu se plait à la louange de Son peuple. Et Ses grâces s'y déversent en abondances sur Ses élus.

Dîtes Jésus nous aimons Ton Nom. Nous Te chérissons, plus que tout.

L'Eternel notre Dieu est le partage de son peuple. Que soit béni à tout jamais, l'Héritage de notre Dieu !

LUMIERE DU MONDE

Lorsque Ta Lumière descends parmi les fils des hommes ; il y a expansion de Ton règne et de Ton Royaume : le Royaume des Cieux. Et tout devient, claire ô Dieu dans nos vies ; plus d'ombre noir dans nos pensées. Car, Ta Lumière a dissipée l'ignorance. Et l'excellence est maintenant le partage de Ton peuple.

Lumière du monde, laisse resplendir Ta Lumière ; le parfum de Ta connaissance. En tout lieu, dans la nation que Ta Présence soit visible. Que Tes rayons illuminent nos familles, nos entreprises, nos ministères et que nous en soyons impactés. Plus étincelant que l'or pur, que Ta lumière soit l'éclat qui resplendit sur Tes serviteurs ; qu'ils en soient revêtus en tout temps.

Lumière du monde, Lumière des nations repousse par Ta Présence, les Ténèbres dans les confins de l'oubli.

RACE DE SERPENT

S'en est fini de cette race de serpent ; semence perverse et méchante, qui combattent tout ce qui a de bien, et qui renversez le cheval et son cavalier. Et dont l'écho des œuvres arrivent jusqu'au séjour des morts.

Cette génération de méchants hommes, conçus et préparés pour pervertir les simples !

O fils d'iniquité, où est passé ton orgueil ; ton regard hautain ? Où donc, se trouve ta malice, par laquelle tu piégeais les hommes aux cœurs droits ; les simples ? T'ont-ils été d'un secours ?

Le séjour des morts acclame ton arrivée, en fanfare et en triomphe. L'heure des comptes à sonner pour toi. Désormais tes amis de toujours : la malice, l'orgueil, l'iniquité t'ont abandonnés. Fais donc appel à Ta malice, ta réflexion toujours tournée vers le mal.

Hélas pour toi ! Elle ne t'est d'aucun secours. Le séjour des morts se refuse toute réflexion, à ton sujet. A ton sujet, comme à celui des compères, il n'y a que douleurs, grincement de dents et amères regrets.

Toi qui connaissais la voie de la Vérité, tu as méprisé le salut qui t'était offert. Tu as aimé la voie du mal et en a fait carrière. Ton diplôme d'ingénieur en mal peut-il plaider pour toi, dans le séjour des morts ? Peut-il t'offrir le repos auquel tu aspires ?

Tu hurles de douleurs, et la douleur te colle, comme la peau sur le corps. Tu as rejeté le Saint d'Israël et te voilà condamner pour l'éternité dans les ténèbres de la nuit.

Ainsi en est-il pour cette race de serpent, ces fils d'iniquités, cette génération perverse qui refuse le salut en Jésus.

NON, NON, NON

Non, non, non ! La honte et le mépris sont semés pour le méchant. L'honneur et la gloire sont semés pour les hommes droits.

J'ai entendu de l'Eternel : « J'honore ceux qui M'honorent ; ceux qui Me respectent. Et gardent l'Alliance de leur Dieu ».

C'est pourquoi, je veux accorder de la valeur, au Nom de mon Dieu, je veux m'attacher à Ses commandements. Car, l'Eternel est un Dieu fidèle qui ne se repent pas de Ses dons. IL accorde au méchant Sa grâce. Et au juste une grâce excellente. Afin de marquer la différence entre ceux qui le servent, et ceux qui ne le servent pas.

Vive notre Dieu ; le Rocher auquel s'abreuve Son peuple !

TA PRESENCE

Que Tes cours sont aimables, ô Dieu ! Elles remplissent nos âmes de Ta paix. Elles sont si douces qu'elles rassurent nos âmes apeurées. Seulement parce que nous nous tenons en Ta Présence.

O Dieu ! Comme j'aime Ta Présence ! Comme j'aime ressentir le parfum de Ta Présence qui inonde l'Assemblée des saints ; Ton doux parfum.

Dès l'aurore, je me lève en hâte. Car je sais que je Te rencontrerai au milieu des cris de joie et des acclamations de Ton peuple effervescence et l'allégresse de ce jour saint. Je me hâte pour retrouver mon Dieu :

O Dieu ! Accorde-Moi je te prie la grâce de demeurer toujours en Ta Présence. C'est le cas de mon âme assoiffée de Toi. Je T'aime tant.

TA GLOIRE

Que Ta gloire descende, ô Dieu ! Alors que nous sommes assemblés en Ton Nom. Qu'elle descende sur nos vies.

O Dieu ! Que Tu es grand et mal connu des hommes que Tu as créés ! Pourtant, Tes œuvres nous environnent et témoigne de Ta gloire. Elles sont impressionnantes lorsqu'on y regarde de plus près ; immensément grandes.

Laisse jaillir Ta gloire. Alors, cette génération publiera haut Tes louanges et, célébrera la grandeur de Ton Nom. Car nul n'est comparable à Toi.

Nous espérons tant brandir l'étendard de Ton Nom, sur la nation ; l'emblème de notre salut.

O Dieu laisse jaillir Ta gloire sur la nation !

TA BIENVEILLANCE

Ta bienveillance ô Dieu, est au-delà, de mes attentes ! Je suis émerveillé par tant d'amour de fidélité ! J'avais dit en moi : « Le Seigneur a oublié Ses grandes compassions. IL a oublié qu'IL est le secours d'Israël »

O que je me suis trompé ! Comme je le regrette ô Dieu !

Tu m'as témoigné Ta bonté. Et m'a rassasié par Ta bienveillance. Tu as comblé les désirs de mon cœur. Et la rassasié de Ta douce Présence.

Comme Tu es bienveillant à mon égard ô Dieu ! Je sais : « Tout ce que je suis, je Te le dois »

DIEU DOMINE

Qui obscurcira Mes desseins ? Qui changera Mes arrêtés ? Qui rentrera en guerre contre le Très-Haut et en sortirait vainqueur ?

Qu'il déploie sa droite et noue en montre la portée ; l'étendue de sa puissance. Qu'il soutienne l'existence, de tous les êtres vivants, en leur conservant simultanément le souffle de vie. Qu'il pourvoit aux besoins multiples et variés, de tout ce qui se meut dans tous l'univers. Qu'il soit capable de lire le présent et l'avenir, comme dans un livre ouvert. Et d'en décider les contours selon le conseil de son omniscience. Qu'il soit capable d'annoncer les évènements lointains, de les préparer et de les amener à la réalisation. Qu'il soit capable de restreindre l'action de toute la Création, aux limites fixée et assignée par sa parole.

Le règne des hommes est éphémère, c'est le Très-Haut qui accorde à l'un de s'élever, et à l'autre d'être abaissé.

Dieu domine sur les nations. Et Sa domination s'étend, sur tous les âges et les siècles.

SEIGNEUR ELEVE TOI

Seigneur élèves-Toi, au-dessus des Cieux que Ta gloire remplisse l'Univers. Qu'elle couvre la vie de Tes serviteurs, s'étende sur celles de leurs femmes et de leurs enfants. Qu'elle se répande dans leurs champs ; leurs entreprises. Qu'elle les sature et les comble de Ta Présence et de Tes bontés. Qu'elle illumine leur quotidien, de Ton éclat. Qu'elle témoigne de Ta splendeur.

Seigneur élève-Toi, au-dessus des Cieux que Ta gloire couvre l'Univers. Rassasie-nous, car nous avons soif de Toi.

LES REMPARTS D'ISRAEL

Les remparts d'Israël sont comme les Cieux, impossible à percer. Car, le Seigneur y demeure. Ses colonnes stables, car le Seigneur en est le Bâtisseur.

O Dieu, quand Tu marches au milieu de Ton peuple nos ennemis bondissent de peur ! Ils atteignent des records de vitesse, devant Ton Armée. Ils s'épouvantent à la mention de Ton grand Nom, et abandonne le butin, à Ton peuple.

Seigneur marche avec Ton peuple, et introduit Tes serviteurs dans la victoire. Avec Dieu nous ferons des exploits. Et c'est Lui qui écrasera la tête de nos ennemis.

LES ARMEES DE L'ETERNEL

Les armées de l'Eternel s'assemblent, la bataille est imminente. La Terre tremble ; elle est effrayée devant le déferlement de Tant de puissance.

Un chasse mille, deux en chasse dix mille, Dieu établit Son règne et l'impose aux fils de l'homme ; à cette génération qui ne L'a point connue. L'ennemi ploie, il succombe devant les assauts du Très-Haut, devant la puissance de Ses Armées.

Le couronnement de Tes généraux, ô Dieu, c'est la victoire dans la bataille ! Et leur gloire est d'avoir combattu, à Tes côtés.

AGNEAU DE DIEU

Les Cieux proclament la gloire du Ressuscité. Elles annoncent, la Victoire de notre Dieu sur la mort ; le triomphe du Rejeton de David.

O Dieu ! Le chant de Ta victoire se répand, dans toute la Création, jusqu'aux nations, telle la trainée d'un parfum doux et agréable, répandu dans l'air qui nous enivre de plaisir ; du plaisir de Ton salut.

Nous célébrons Ta victoire Agneau de Dieu. Nous célébrons Ta victoire, Ton amour et Ta fidélité envers Dieu notre Père, et envers les fils des hommes.

Nous proclamons Ton Nom et Ta louange. Car, Tu es dignes de recevoir nos hommages ; les hommages des rachetés de Dieu. Pour toujours, nous Tes élus célébrerons Ton Nom et Ton œuvre à la Croix.

HATES-TOI

Quand, Dieu Tu rentres en scène, les boiteux sautent de joie, comme des biches. Comme des gazelles, ils retrouvent l'agilité de leurs pieds qui, leur faisait défaut. Les aveugles voient, ils se réjouissent du don de la vue. Les hirondelles même, se confondent à la voix des rossignoles. Ton entrer en scène accorde quiétude et avenir ; une espérance nouvelle pour le malheureux.

O Dieu hâtes-Toi de me secourir ! Hâtes-Toi d'entrer en scène ; et de nous apporter la délivrance. Car après tout, qui est Dieu si ce n'est l'Eternel. Et qui est un Rocher, si ce n'est notre Dieu.

O Dieu hâtes-Toi de nous secourir ! C'est sûr, avec Toi nous ne craignons aucune puissance.

JE VOUDRAIS TE CONNAITRE

Tu es célèbres par Ta force ô Eternel ! Tes ennemis tremblent à la mention de Ton Nom. Ton Nom est vraiment un refuge. Quand on y accourt, nous y sommes vraiment en sécurité.

Seigneur Tu as créé l'Univers entier et Tu m'as créé, comme je voudrais Te connaitre ! Comme, je voudrais être tout près de Toi ! Tu es l'objet de mes délices. Il ne se passe pas un jour, où je ne m'arrête pas sur le Nom de mon Dieu ; sur Ton Nom Jésus.

Quand je suis assailli de toutes parts, c'est en Ton Nom que je fais appel. Quand les verrous de fer sont placés sur les portes de ma réussite, c'est encore à Ton Nom que je fais toujours appel ; pour les débloquer.

Seigneur Jésus, Tu es ma portion, Tu es mon Héritage. Et je Te dois ce que je suis.

TA GRACE

Ton Nom est grand par-dessus, tout autres noms. C'est la volonté de Dieu notre Père.

Car Tu as accompli, pour les hommes de grandes choses ; Tu leur a offert le Salut ; la vie pour l'éternité ; un Héritage éternel : Ta Présence.

O Merci, mon Dieu pour le privilège de Ta grâce, dans ma vie ! Merci d'avoir fermé les yeux à la multitude de mes péchés. Et de m'avoir accordé un nouveau départ avec Jésus pour Berger.

DU MEME AUTEUR AUX EDITIONS CROIX DU SALUT

- Le Jeu ou Au cœur de la Tentation
- Je veux Te Louer ou L'Ere des vrais adorateurs
- Je veux T'adorer ou l'Ere des vrais adorateurs
- L'Eglise ou Je veux Te servir Jésus.
- Bataille Spirituelle ou l'Art du Combat Spirituel.
- Bataille Spirituelle II ou l'Art du Combat Spirituel.
- Gouverner ou l'Art de gouverner.
- Gouverner II ou l'Art de gouverner.
- Provision Divine ou la Pluie du Saint-Esprit.
- Ministère ou Suis-je réellement Sage ?

Printed by Books on Demand GmbH, Norderstedt / Germany